SE
XO

CB010738

Mirian Goldenberg

1ª edição

EDITORA RECORD
RIO DE JANEIRO • SÃO PAULO

2015

CIP-BRASIL. CATALOGAÇÃO NA PUBLICAÇÃO
SINDICATO NACIONAL DOS EDITORES DE LIVROS, RJ

G566s

    Goldenberg, Mirian
      SeXo / Mirian Goldenberg. - 1. ed. - Rio de Janeiro : Record, 2015.
      il.

    ISBN 978-85-01-05511-8

    1. Romance brasileiro. I. Título.

14-14031   CDD: 869.93
                                                              CDU: 821.134.3(81)-3

Copyright © by Mirian Goldenberg, 2015

Texto revisado segundo o
novo Acordo Ortográfico da Língua Portuguesa.

Projeto gráfico e ilustrações de miolo: Renata Vidal

Direitos exclusivos desta edição reservados pela
EDITORA RECORD LTDA.
Rua Argentina, 171 - 20921-380 - Rio de Janeiro, RJ - Tel.: 2585-2000

Impresso no Brasil

ISBN 978-85-01-05511-8

Seja um leitor preferencial Record.
Cadastre-se e receba informações
sobre nossos lançamentos e nossas promoções.

Atendimento e venda direta ao leitor:
mdireto@record.com.br ou (21) 2585-2002.

EDITORA AFILIADA

SUMÁRIO

PRELIMINARES   9

S OFRIMENTO   37
E XAGERO   53
X EQUE-MATE   61
O BSESSÃO   71

C ULPA   83
A MBIGUIDADE   93
S E**X**O CASUAL   119
U LTRAJE   139
A PRENDIZADO   143
L IBERTAÇÃO   149

ELA

PRELIMINARES

Nem alto, nem baixo, nem magro, nem gordo, nem jovem, nem velho, nem bonito, nem feio, nem forte, nem fraco, nem rico, nem pobre.

Hálito gostoso, cheiro gostoso, riso gostoso, toque gostoso, abraço gostoso, beijo gostoso.

Voz gostosa, pele gostosa, pegada gostosa, metida gostosa.

Mãos macias, fortes, ativas.

Bunda lisinha, durinha, deliciosa.

Pau duro, nem grosso, nem fino, perfeito para a minha buceta.

Ele é tão gostoso que daria até para desconfiar.

Ele parecia estar adorando as minhas massagens.
Gemia gostoso.

Gemia

— Gostosa!

Gemia

— Nossa, era tudo o que eu precisava para relaxar!

Gemia

— Nossa, que presente!

Gemia

— Nossa, que delícia!

Gemia

Gemia muito gostoso.

Ele parecia estar completamente feliz.
Para sempre.

Ele parecia estar gostando de mim.

Ele parecia estar adorando o meu carinho.

Ele parecia estar louco de desejo por mim.

Ele parecia estar apaixonado por mim.

Ele parecia me achar diferente, especial, única, inesquecível, carinhosa, doce, meiga, delicada, sensível, leve, alegre, divertida.

Ele parecia que seria feliz comigo.

Para sempre.

Achei que o jogo estava ganho quando ele meteu, comeu, gozou a primeira vez.

— Nossa, que delícia!

Achei que o jogo estava ganho quando ele gemeu com cada toque da minha massagem.

— Nossa, que presente!

Achei que o jogo estava ganho quando prometi inventar novas massagens só para ele.

— Nossa, quero ser sua cobaia!

Achei que o jogo estava definitivamente ganho quando o pau duro, nem grosso, nem fino, meteu, comeu, gozou 6 X seguidas na minha buceta. Para sempre.

Depois de

- Nossa, que delícia!
- Nossa, que presente!
- Nossa, quero ser sua cobaia!

Achei que o nosso tesão seria para sempre.

Achei que o nosso amor seria para sempre.

Achei que a nossa felicidade seria para sempre.

Foi a nossa primeira vez.

Eu tive a certeza de que foi a primeira vez mais deliciosa das nossas vidas.

Eu tive a certeza de que foi a primeira vez mais saborosa das nossas vidas.

Eu tive a certeza de que foi a primeira vez mais gostosa das nossas vidas.

Eu tive a certeza de que foi a primeira vez mais prazerosa das nossas vidas.

Eu tive a certeza de que foi a primeira vez mais surpreendente das nossas vidas.

Eu tive a certeza de que foi a primeira vez mais encantadora das nossas vidas.

Eu tive a certeza de que foi a primeira vez mais mágica das nossas vidas.

Eu tive a certeza de que foi a primeira vez mais especial das nossas vidas.

Eu tive a certeza de que foi a primeira vez mais inesquecível das nossas vidas.

Eu tive a certeza de que foi a primeira vez mais maravilhosa das nossas vidas.

Eu tive a certeza de que foi a primeira vez mais emocionante das nossas vidas.

Eu tive a certeza de que foi a primeira vez mais intensa das nossas vidas.

Eu tive a certeza de que foi a primeira vez mais tesuda das nossas vidas.

Eu tive a certeza de que foi a primeira vez mais feliz das nossas vidas.

Eu tive a certeza de que foi a primeira vez mais perfeita das nossas vidas.

Foi a nossa primeira vez.

Para sempre.

Tive a certeza de que iria amar aquele homem todos os dias da minha vida.

Tive a certeza de que aquele homem iria me amar todos os dias da minha vida.

Tive a certeza de que iria desejar aquele homem todos os dias da minha vida.

Tive a certeza de que aquele homem iria me desejar todos os dias da minha vida.

Tive a absoluta certeza de ter encontrado o grande amor da minha vida.

Tive a absoluta certeza de ser o grande amor da sua vida.

Tive a certeza absoluta de que seríamos felizes todos os dias da nossa vida.
Para sempre.

Foi o momento mais feliz de toda a minha vida.

Com ele, descobri o prazer que eu quero ter todos os dias da minha vida.

Com ele, descobri a felicidade que eu mereço ter todos os dias da minha vida.

Com ele, descobri o segredo da minha felicidade. Para sempre.

Foi um encontro tão intenso, tão prazeroso, tão apaixonado, tão feliz que, a partir dele, toda a minha vida fez sentido, pela primeira vez.

Não consigo imaginar a minha vida sem o mesmo prazer, sem a mesma felicidade, sem o mesmo tesão, todos os dias.

Nunca senti tanto prazer.

Nada do que já vivi se compara com o que vivi com ele.

Nada teve um significado tão profundo.

Não sabia que podia sentir tanto prazer.

Não sabia que era possível ser tão plenamente feliz.

Todos os outros homens que tive perderam o sentido perto do que eu senti com seus beijos, seus abraços, seus carinhos, seus gemidos.

Todos os outros paus que tive pareceram sem significado perto do que eu senti com o pau duro, nem grosso, nem fino, metendo, comendo, gozando 6 X seguidas na minha buceta.

Nenhum outro homem me atrai.
Nenhum outro pau me interessa.

Nada além do que sinto por ele tem qualquer importância.

Para sempre.

De onde ele tirou tanto tesão?

Quando tudo parecia ter chegado ao fim, quando ele poderia ir embora satisfeito, quando ele devia estar exausto, acabado, morto, o pau duro, nem grosso, nem fino, querendo meter, comer, gozar na minha buceta de novo.

Não sabia que isso era possível.

Descobri a verdadeira felicidade.

Tive muitos paus diferentes.

Nunca antes tive um pau duro, nem grosso, nem fino, metendo, comendo, gozando 6 X seguidas na minha buceta.

Nunca antes tive um pau perfeito para a minha buceta.

Nunca fui tão feliz.

— Você é um anjo querubim!

Anjo querubim?

O que ele quis dizer com
— Você é um anjo querubim!

Por que ele não disse
– Você é um anjo!

Por que ele disse
— Você é um anjo querubim!

Não entendi.

Mesmo sem entender, gostei de ser um anjo querubim.

Nenhum homem antes disse
— Você é um anjo querubim!

Muitos disseram
— Você é um anjo!

Gostei de ser um anjo querubim só para ele.
Para sempre.

Em algum momento ele disse que aquilo tudo era
— Interessante!

Interessante?

Uma primeira vez tão intensa, tão gostosa,
tão tesuda, tão deliciosa, tão saborosa, tão
prazerosa, tão encantadora, tão diferente, tão
especial, tão única, tão mágica, tão divertida, tão
surpreendente, tão maravilhosa, tão inesquecível,
tão emocionante, tão perfeita, tão feliz.

Interessante?

O que ele quis dizer com
— Interessante!

Só interessante?

— Estou com dor de cabeça. Vamos pedir uma comida?

Não pedimos a comida.

Não queria parar.

Só queria matar minha fome de um pau duro, nem grosso, nem fino, metendo, comendo, gozando 6 X seguidas na minha buceta.

Não pedimos a comida.

Ele continuou com dor de cabeça.

Ele continuou metendo, comendo, gozando 6 X seguidas na minha buceta.

— Nossa, que delícia!

Você acha que sou louca de transar sem camisinha?

Ele não gostou da pergunta.

— Você acha que eu fico metendo o meu pau em lixo?

Não perguntei mais.

Será que o pau duro, nem grosso, nem fino, mete, come, goza 6 X seguidas com outras mulheres?

Será que eu sou louca de transar 6 X seguidas sem camisinha?

Assim você acaba comigo.

— Quer que eu pare?

Não.

Não quero que você pare.

Quero que você acabe comigo.

Não quero desperdiçar um pau duro, nem grosso,
nem fino, metendo, comendo, gozando 6 X
seguidas na minha buceta.

Ele não parou.

— Nossa, que delícia!

Ele acabou comigo.

Para sempre.

Feliz.

Quando ele riu das minhas piadas.

Quando ele me pegou com força.

Quando ele me jogou no sofá.

Quando ele tirou toda a minha roupa.

Quando ele me fez carinhos.

Quando ele me abraçou.

Quando ele me beijou.

Quando ele tirou a roupa.

Quando ele ficou de pau duro.

Quando ele gemeu

– Gostosa!

Quando ele gemeu

– Nossa, que delícia!

Quando ele gemeu

– Nossa, que presente!

Quando ele gemeu

– Nossa, quero ser sua cobaia!

Feliz

Muito feliz

Quando o pau duro, nem grosso, nem fino, meteu, comeu, gozou 6 X seguidas na minha buceta.

Muito feliz

Plenamente feliz.

Quando descobri que o pau duro, nem grosso, nem fino, se encaixava perfeitamente na minha buceta.

Quando tive a certeza de que finalmente seria feliz. Para sempre.

Plenamente feliz.

SOFRIMENTO

Ligo o computador, vejo se tem algum e-mail, desligo o computador, ligo o computador, desligo o computador, tomo remédio para dormir, vejo se tem recado na secretária eletrônica, ligo o computador, desligo o computador, vejo se tem alguma ligação perdida no celular, ligo o computador, desligo o computador, vejo se tem recado na caixa postal do celular, deito, levanto, procuro alguma mensagem no celular, vejo se tem algum e-mail, não vou conseguir dormir nunca mais, não consigo parar de pensar nos mínimos detalhes, preciso do pau duro, nem grosso, nem fino, metendo, comendo, gozando 6 X seguidas na minha buceta, não consigo entender por que ele não ligou, não sei o que eu fiz de errado, não vou conseguir ser feliz nunca mais, tenho certeza de que eu fiz algo errado, não sei onde foi que eu errei, perdi o grande amor da minha vida, eu só queria saber, eu só queria entender, eu só queria parar de sofrer.

Mais uma noite de insônia.

Por que ele não ligou?

O que eu fiz de errado?

Será que o pau duro, nem grosso, nem fino, mete, come, goza 6 X seguidas em qualquer buceta?

O que eu fiz de errado para ele não ligar depois de meter, comer, gozar 6 X seguidas na minha buceta?

Como é possível não ter sido um encontro delicioso, saboroso, gostoso, prazeroso, surpreendente, mágico, encantador, diferente, especial, único, inesquecível, maravilhoso, emocionante, intenso, tesudo, feliz, perfeito para ele?

Eu só queria saber.
Eu só queria entender.
Eu só queria parar de sofrer.

Se ele não gostou de mim, por que não foi embora depois da primeira vez, da segunda vez, da terceira vez, da quarta vez, da quinta vez?

Se ele gostou de mim, por que não ligou?

Eu só queria saber.
Eu só queria entender.
Eu só queria parar de sofrer.

Era só a nossa primeira vez.

Eu não sabia que era a nossa última vez.

Eu não sabia que era a nossa única vez.

Será que ele já sabia?

Não é justo.

— Você acha que eu fico metendo o meu pau em lixo? Estou me sentindo pior que lixo.

Por que ele não ligou?

O que eu fiz de errado?

Eu só queria saber.

Eu só queria entender.

Eu só queria parar de sofrer.

Sofrimento, obsessão, compulsão, neurose,
histeria, loucura, tormento, doença, maldição,
inferno, tortura, prisão, drama, martírio, sacrifício,
penitência, tristeza, dor, desprezo, punição,
pânico, medo, contradição, ambiguidade, dilema,
paradoxo, dúvida, enigma, mistério, segredo,
culpa, ansiedade, angústia, desengano, desilusão,
desequilíbrio, desespero, carência, miséria,
humilhação, vazio, mutilação, morte.

Rejeição.

Não aguento mais a dor da rejeição.

Não aguento mais a angústia.

Não aguento mais a dúvida.

Não aguento mais a certeza de ter errado.

Não aguento mais o tormento da culpa.

Não aguento mais não saber o que aconteceu.

Não aguento mais não saber onde foi que eu errei.

Não aguento mais sofrer.

Não aguento mais não dormir.

Tentativa de amenizar o sofrimento com palavras

Ruminando.

Remoendo.

Revivendo.

Eliminando.

Cuspindo.

Vomitando.

Despejando.

Enlouquecendo.

Definhando.

Desaparecendo.

Adoecendo.

Morrendo.

Fluxo verbomaníaco.

InCoNtInÊnCiA vErBaL.

Diarreia verborreica.

Vômito verborrágico.

Desabafo.

Miséria discursiva.

Mendigando amor.
Aceitando migalhas.
Recebendo esmolas.

Mentiras sinceras me interessam.

Vai passar. Quando?

O tempo cura as feridas. Como?

A fila anda. Onde?

A vida continua. Por quê?

Nada como um dia após o outro. Será?

Quantos clichês serão necessários para amenizar o meu desespero?

Quantos antidepressivos serão necessários para diminuir o meu sofrimento?

Quantas palavras serão necessárias para curar a minha rejeição?

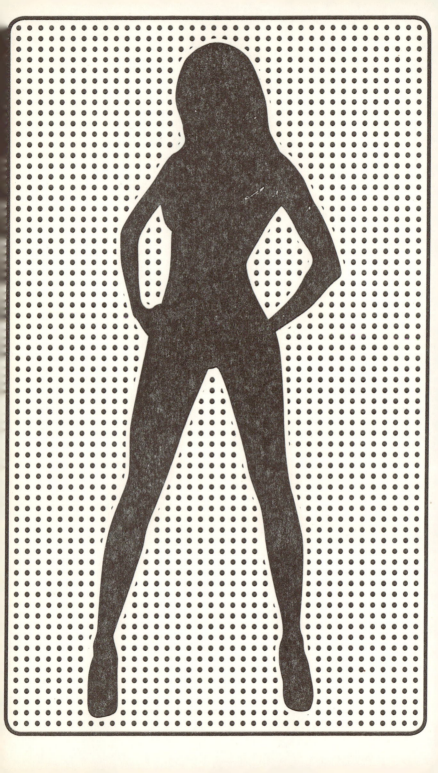

EXAGERO

Mendigando um telefonema.

Mendigando ser diferente, especial, única.

Mendigando ser mais do que uma mulher qualquer.

Mendigando um

– Oi, meu amor!

– Estou morrendo de saudade!

Eu sonhei que ele ligou.

– Oi, meu amor!

– Estou morrendo de saudade!

Eu não preciso de nenhuma explicação, só que ele ligue.

– Oi, meu amor!

– Estou morrendo de saudade!

Eu não preciso de mais nada para ser completamente feliz, só que ele ligue.

– Oi, meu amor!

– Estou morrendo de saudade!

Eu sou uma mulher atormentada por um pau duro, nem grosso, nem fino, que meteu, comeu, gozou 6 X seguidas na minha buceta.

Eu sou uma mulher obcecada por um pau duro, nem grosso, nem fino, que me fez a mulher mais feliz do mundo.

Eu sou uma mulher desesperada por não compreender por que ele não ligou depois de meter, comer, gozar 6 X seguidas na minha buceta.

Eu sou uma mulher enlouquecida por ter errado e perdido o grande amor da minha vida, mais desesperada ainda por não saber onde foi que errei.

Eu sou uma mulher apaixonada, angustiada, insatisfeita, frustrada, incompleta, neurótica, desequilibrada como qualquer mulher.

Eu sou uma mulher igual a toda mulher que quer ser diferente, especial, única.

Eu sou uma mulher como toda mulher.

Quem sou eu?

Eu sou uma mulher mais magra do que gorda, mais bonita do que feia, mais jovem do que velha, mais morena do que loira, mais rica do que pobre, mais inteligente do que burra, nem alta, nem baixa.

Eu sou uma mulher menos sexy do que romântica, menos poderosa do que carente, menos segura do que sensível, menos divertida do que complexa, nem triste, nem feliz.

Eu sou uma mulher que quer ser considerada diferente, especial, única.

Eu sou uma mulher normal, comum, banal.

Eu sou uma mulher como toda mulher.

Será que um dia ele vai perceber que sou diferente.
especial, única?

Será que um dia ele vai ligar?
– Oi, meu amor!
– Estou morrendo de saudade!

XEQUE-MATE

– Obrigado, a gente se fala!

Depois de meter, comer, gozar 6 X seguidas na minha buceta, ele se vestiu rapidamente e disse

— Obrigado, a gente se fala!

Ele não sorriu.

Ele não me abraçou.

Ele não me beijou.

— Obrigado, a gente se fala!

Ele não disse que ia me ligar.

Ele não disse que ia voltar.

Ele não disse que ia embora tão rapidamente depois de meter, comer, gozar 6 X seguidas na minha buceta.

— Obrigado, a gente se fala!

Eu não sabia que ele não ia me ligar.

Eu não sabia que ele não ia voltar.

Eu não sabia que ele ia embora tão rapidamente depois de meter, comer, gozar 6 X seguidas na minha buceta.

Para sempre.

Eu fiquei calada.

Eu fiquei paralisada.

Eu perdi o grande amor da minha vida.

Para sempre.

Eu errei.

Para sempre.

Provas cruéis de que eu não sou uma mulher
diferente, especial, única.
Evidências mais do que evidentes de que eu sou só
uma buceta.

Ele me chamou de querida.
Ele me chamou de gostosa.
Ele me chamou de delícia.
Ele me chamou de tesuda.

Ele não me chamou uma só vez de meu amor.

Querida, gostosa, delícia, tesuda é o máximo que
uma mulher que não é diferente, especial, única
pode esperar.

Ele não usou uma só vez o meu nome, obviamente
para não confundir com os nomes de todas as
bucetas que ele está comendo, metendo, gozando
6 X seguidas.

Ele não se preocupou em me fazer gozar.

Ele não usou o dedinho.

Ele não usou a língua.

Ele não esfregou.

Ele não brincou.

Ele não lambeu.

Ele não chupou.

Ele não fez absolutamente nada para eu gozar em nenhuma das 6 X.

Ele não perguntou se eu gozei.

Eu não precisei nem fingir.

Ele não perguntou nada sobre mim.

Ele não perguntou nada sobre o meu trabalho.

Ele não demonstrou interesse por mim.

Ele não se preocupou em fingir alguma
curiosidade por mim.

Ele não perguntou nada sobre a minha vida.

Eu não precisei nem mentir.

Ele não marcou um novo encontro.

Ele não disse que ia me ligar.

Ele não demonstrou o menor interesse em me ver de novo.

A prova mais cruel de que eu fui só mais uma buceta foi a despedida.

— Obrigado, a gente se fala!

Será que eu também deveria ter agradecido?

OBSESSÃO

Por que ele não ligou?

O que eu fiz de errado?

Eu sei o que eu fiz de errado.
Foi o creme que eu usei na massagem.
Lógico que foi o creme doce, enjoativo, fedido.
Por que eu fui usar um creme tão doce, tão
enjoativo, tão fedido?
Foi o creme fedido que estragou tudo, tenho
certeza.

Será que eu perdi o grande amor da minha vida por
causa de um creme fedido?

Por que ele não ligou?

O que eu fiz de errado?

Eu sei o que eu fiz de errado.
Foi a bunda cabeluda.
Lógico que foi a bunda cabeluda.
Por que eu não depilei a bunda cabeluda?
Foi a bunda cabeluda que estragou tudo, tenho
certeza.

Será que eu perdi o grande amor da minha vida por
causa da bunda cabeluda?

Por que ele não ligou?

O que eu fiz de errado?

Eu sei o que eu fiz de errado.
Eu disse meu amor quando o pau duro, nem
grosso, nem fino, meteu, comeu, gozou 6 X
seguidas na minha buceta.
Lógico que foi o meu amor.
Por que eu disse meu amor?
Foi o meu amor que estragou tudo, tenho certeza.

Será que eu perdi o grande amor da minha vida por
causa do meu amor?

Eu disse meu amor.

Ele não reagiu.
Ele não disse nada.
Ele não broxou.

Eu realmente senti que ele era o meu amor.
Para sempre.

Será que ele ficou assustado?

Será que ele ficou chocado?

Será que ele achou que eu fosse louca?

Eu disse meu amor.

Eu perdi o grande amor da minha vida por causa

do meu amor.

Foi o meu maior erro.

Por que ele não ligou?

O que eu fiz de errado?

Eu sei o que eu fiz de errado.
Eu usei o diminutivo.
Eu disse taradinho, gostosinho, safadinho,
tesudinho, quando o pau duro, nem grosso, nem
fino, meteu, comeu, gozou 6 X seguidas na minha
buceta.
Lógico que foi o diminutivo.
Por que eu usei o diminutivo?
Foi o diminutivo que estragou tudo, tenho certeza.

Será que eu perdi o grande amor da minha vida por
causa do diminutivo?

Um homem com um pau duro, nem grosso, nem fino, não deve gostar de ser chamado de taradinho, gostosinho, safadinho, tesudinho.

Pena que eu só percebi isso tarde demais.

Não consegui imaginar todas as possíveis consequências dos diminutivos que jorravam descontroladamente de dentro de mim.

Foi o meu maior erro.

Tarado.

Gostoso.

Safado.

Tesudo.

Taradão.

Gostosão.

Safadão.

Tesudão.

O que me restava a não ser o diminutivo?

CULPA

E minha culpa.

Eu errei.

Perdi o único pau duro, nem grosso, nem fino, que se encaixa perfeitamente na minha buceta.

Perdi o único pau duro, nem grosso, nem fino, que me preencheria completamente.

Perdi o único pau duro, nem grosso, nem fino, que me faria feliz.

Para sempre.

É minha culpa.

Eu errei.

Só não sei onde foi que eu errei.

É minha culpa.

Eu errei.

Porque ele não ligou.

Porque ele não se interessou por mim.

Porque ele não me achou diferente, especial, única.

Porque ele me rejeitou.

Porque ele me ignorou.

Porque ele me desprezou.

Porque ele não gostou do creme fedido.

Porque ele teve nojo da bunda cabeluda.

Porque ele me achou ridícula.

Porque ele não me amou.

Porque ele me tratou como uma mulher qualquer.

É minha culpa.

Eu errei.

Porque eu me trato como uma mulher qualquer.

Porque eu não me amo.

Porque eu me acho ridícula.

Por que eu tenho nojo da bunda cabeluda.

Porque eu não gosto do creme fedido.

Porque eu me desprezo.

Porque eu me ignoro.

Porque eu me rejeito.

Porque eu não me acho diferente, especial, única.

Porque eu não me interesso por mim.

Porque eu não liguei.

É minha culpa?

Eu errei?

Não.

Não consegui.

Não consegui dizer não.

Não consegui dizer não para um pau duro.

Não consegui dizer não para um pau duro, nem grosso, nem fino.

Não consegui dizer não para um pau duro, nem grosso, nem fino, querendo meter na minha buceta.

Não consegui dizer não para um pau duro, nem grosso, nem fino, querendo meter, comer, gozar na minha buceta.

Não consegui dizer não para um pau duro, nem grosso, nem fino, querendo meter, comer, gozar 6 X seguidas na minha buceta.

Não consegui dizer não.

Não consegui.

Não.

Não é minha culpa.

Eu não errei.

Eu não quero um homem que não me ame.

Eu não quero um homem que não reconheça que sou diferente, especial, única.

Eu não quero um homem que não me valorize, que não me admire, que não me respeite, que não me elogie, que não sinta orgulho de mim.

Eu não quero um homem que não seja carinhoso, romântico, atencioso, delicado, gentil, como se fosse sempre a primeira vez.

Eu não quero um homem que não seja louco só por mim, que não tenha tesão só por mim, que não queira meter, comer, gozar 6 X seguidas só na minha buceta.

Eu não quero um homem que desapareça sem dar explicação.

Eu não quero um homem que não ligue depois de meter, comer, gozar 6 X seguidas na minha buceta.

Eu não quero um homem que não me abrace gostoso, que não me beije gostoso, que não me faça uma massagem gostosa.

Eu não quero um homem que não converse, que não me escute, que não tenha interesse por mim.

Eu não quero um homem que não seja o meu melhor amigo.

Eu não quero um homem que não me ache linda, gostosa, sexy.

Eu não quero um homem que não me faça rir.

Eu não quero um homem que não ria das minhas brincadeiras.

Eu não quero um homem que não me aceite do jeito que eu sou.

Eu não quero um homem que não me chame de meu amor.

Eu não quero um homem que me ignore.

Eu não quero um homem que não sinta saudade.

Eu não quero um homem que me deixe insegura.

Eu não quero um homem que me compare com mulheres mais jovens, mais bonitas, mais gostosas.

Eu não quero um homem que me faça sentir invisível, transparente, rejeitada, desprezada, humilhada, vulnerável, desprezível, deletável, descartável.

Eu não quero um homem cafajeste, covarde, medroso, fraco, babaca, mulherengo, galinha, machista, desrespeitoso, grosseiro, superficial, mentiroso, egoísta, canalha.

Eu não quero um homem que me faça acreditar que estraguei tudo por causa de um creme fedido.

Eu não quero um homem que me deixe preocupada com a bunda cabeluda.

Eu não quero um homem que me deixe desesperada sem saber onde foi que errei.

Eu não quero um homem que me trate como uma mulher qualquer.

Eu não errei.

Não é minha culpa.

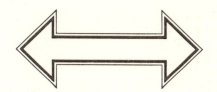

AMBIGUIDADE

Será que ele viajou para um lugar sem internet, sem telefone, sem correio?

Será que ele sofreu um acidente?

Será que ele foi atropelado?

Será que ele levou um tiro em um assalto?

Será que ele foi sequestrado?

Será que ele perdeu a memória?

Será que ele ficou doente?

Será que ele morreu?

Será que ele é um cafajeste?

Será que ele é um tarado?

Será que ele é um viciado?

Será que ele é um maníaco?

Será que ele é um devasso?

Será que ele é um pervertido?

Será que ele é um degenerado?

Será que ele é um galinha?

Será que ele é um sedutor barato que coleciona bucetas como troféus?

Será que ele é um conquistador compulsivo que se cansa rapidamente das bucetas?

Será que ele é um comedor serial que só quer meter, comer, gozar, meter, comer, gozar, meter, comer, gozar, meter, comer, gozar, meter, comer, gozar, meter, comer, gozar em qualquer buceta?

Será que ele é um homem que só quer seduzir todas as mulheres?

Será que ele é um homem que só quer conquistar todas as mulheres?

Será que ele é um homem que só quer amar todas as mulheres?

Será que ele é um homem que só quer meter, comer, gozar 6 X seguidas em todas as mulheres?

Será que ele toma Viagra?

Será que o pau duro, nem grosso, nem fino, mete, come, goza 6 X seguidas em qualquer buceta?

Será que ele sempre fica com dor de cabeça depois de meter, comer, gozar 6 X seguidas em qualquer buceta?

Será que o pau duro, nem grosso, nem fino, se encaixa tão perfeitamente em outras bucetas?

Será que o pau duro, nem grosso, nem fino, meteu, comeu, gozou 6 X seguidas em muitas bucetas depois do

— Obrigado, a gente se fala!

Será que ele liga para outras bucetas?

Será que ele repete outras bucetas?

Será que ele só gosta de novas bucetas?

Será que as outras bucetas ficam tristes se ele não liga?

Será que as outras bucetas se apaixonam?

Será que as outras bucetas sofrem por terem sido rejeitadas?

Será que ele me achou exagerada, ridícula, ansiosa, neurótica, excessiva, dramática, assustadora, chata, enjoativa, pegajosa?

Será que ele me achou carinhosa demais, submissa demais, doce demais, divertida demais, alegre demais, feliz demais?

Será que ele me achou desesperada demais para provar que sou diferente, especial, única?

Será que em algum momento ele teve vontade de me ver de novo?

Será que em algum momento ele pensou em ligar?

Será que em algum momento ele sentiu saudade?

Será que em algum momento ele se lembrou de mim?

Será que em algum momento ele gostou de mim?

Será que em algum momento ele se sentiu feliz comigo?

Será que em algum momento ele percebeu que eu sou diferente, especial, única?

Será que em algum momento ele teve vontade de dizer meu amor?

Será que ele se lembra de mim?

Será que ele se lembra da minha risada?

Será que ele se lembra do meu corpo?

Será que ele se lembra da minha buceta?

Será que ele se lembra da minha massagem?

Será que ele se lembra do meu amor?

Será que ele se lembra do meu nome?

Será que ele sentiu culpa?

Será que ele sentiu remorso?

Será que ele sentiu pena?

Será que ele sentiu vergonha?

Será que ele sentiu medo?

Será que ele se arrependeu de não ter ligado no dia seguinte?

Será que ele imaginou que me faria sofrer tanto por ter desaparecido sem explicação depois de um encontro tão mágico, intenso, especial?

Será que ele é tímido?

Será que ele é inseguro?

Será que ele é complexado?

Será que ele é covarde?

Será que ele ficou assustado?

Será que ele pensa que eu não estou interessada?

Será que ele tem medo de ficar perdidamente apaixonado?

Será que ele está esperando o meu telefonema?
Será que ele está sofrendo porque eu não mandei uma mensagem?

Será que ele está morrendo de saudade de mim?

Será que é só vaidade?

Será que eu só estou angustiada porque descobri que não sou diferente, especial, única, para quem foi diferente, especial, único para mim?

Será que é só vaidade?

Será que eu só estou frustrada porque a minha vontade de ter um pau duro, nem grosso, nem fino, metendo, comendo, gozando 6 X seguidas na minha buceta é muito maior do que a minha vontade de gozar?

Será que é só vaidade?

Será que eu só estou atormentada porque o meu desejo de ser desejada é muito maior do que o meu desejo de desejar?

Será que é só vaidade?

Será que eu só estou desesperada porque a minha necessidade de ser amada é muito mais forte do que a minha necessidade de amar?

Será que é só vaidade?
Será que eu só estou louca porque não compreendo
por que ele não ficou perdidamente apaixonado
por mim?

Será que é só vaidade?
Será que eu só estou deprimida porque descobri
que sou uma mulher igual a toda mulher que quer
ser diferente, especial, única?

Será que é só vaidade?
Será que eu só estou sofrendo porque não aceito
que sou uma mulher como toda mulher?

Será que é só vaidade?

E se eu tivesse usado um creme cheiroso?

E se eu tivesse pedido a comida?

E se eu tivesse depilado a bunda cabeluda?

E se eu tivesse ligado para ele no dia seguinte?

E se eu ligasse para ele?

E se eu mandasse uma mensagem divertida
para ele?

E se eu fingisse que também não quero
compromisso?

E se eu fingisse que também não quero me
apaixonar?

E se eu fingisse que só quero o pau duro, nem
grosso, nem fino, metendo, comendo, gozando 6 X
seguidas na minha buceta?

E se ele acreditasse?

E se ele ficasse perdidamente apaixonado por mim?

E se ele quisesse meter, comer, gozar 6 X seguidas só na minha buceta?

E se ele telefonasse para dizer que está morrendo de saudade?

E se ele não tivesse conseguido mais dormir?

E se ele ficasse pensando em mim em suas noites de insônia?

E se ele descobrisse que me ama como nunca amou outra mulher?

E se fôssemos felizes?

Para sempre.

E se ele estiver se sentindo rejeitado?

E se ele estiver esperando um telefonema?

E se ele estiver esperando um e-mail?

E se ele estiver deprimido?

E se ele estiver sofrendo?

E se ele estiver morrendo de saudade?

Será que teria sido melhor não ter sido tão feliz com ele?

Será que teria sido melhor não ter descoberto um pau duro, nem grosso, nem fino, que meteu, comeu, gozou 6 X seguidas na minha buceta?

Será que teria sido melhor morrer sem saber que existe um pau duro, nem grosso, nem fino, que combina perfeitamente com a minha buceta?

Será que ele percebeu que eu não gozei nenhuma vez?

Será que ele ficou frustrado porque eu não gozei nenhuma vez?

Será que ele ficou chateado porque eu não fingi que gozei nenhuma vez?

Será?

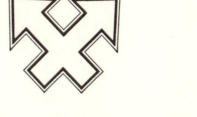

SEXO CASUAL

Já fiz seXo casual inúmeras vezes.

Nunca tive expectativas românticas.

Nunca sofri porque eles sumiram sem explicação.

Nunca fiquei obcecada por compreender por que eles não ligaram no dia seguinte.

Nunca fiquei atormentada, angustiada, deprimida, triste, frustrada, desesperada porque eles desapareceram.

Nunca me senti rejeitada, humilhada, derrotada, fracassada, insignificante, invisível porque eles não se apaixonaram.

Nunca me senti descartável, deletável, desprezível porque eles não perceberam que sou diferente, especial, única.

Nunca me senti culpada por ter errado sem saber onde errei.

Já fiz seXo casual muitas vezes.

Já fiz seXo casual com os homens mais diferentes.
Já fiz seXo casual nos lugares mais inusitados.
Já fiz seXo casual em momentos inesperados.

Já tive muito prazer com seXo casual.
Já tive muito desprazer com seXo casual.

Não vejo qualquer impedimento para fazer seXo
casual.
Não vejo qualquer problema em fazer seXo casual.
Não sou contra seXo casual.

Por que então estou sofrendo tanto?

Eu só queria saber.
Eu só queria entender.
Eu só queria parar de sofrer.

Conheço mulheres que dizem que praticam seXo casual.

Conheço mulheres que dizem que preferem seXo casual.

Conheço mulheres que dizem que gozam no seXo casual.

Não conheço uma só mulher que não sofreria se ele desaparecesse sem explicação depois de meter, comer, gozar 6 X seguidas.

Será que existe um manual para as mulheres não se sentirem rejeitadas, humilhadas, desprezadas, ignoradas se ele desaparecer sem explicação depois de meter, comer, gozar 6 X seguidas?

Será que existe um manual para as mulheres não enlouquecerem se ele não ligar depois de meter, comer, gozar 6 X seguidas?

Será que existe um manual de sobrevivência para seXo casual só para as mulheres?

- Não pense que eu vou ligar no dia seguinte, nas semanas seguintes, nos meses seguintes, nos anos seguintes.
  É só seXo casual.

- Não pense que vai ter próxima vez.
  É só seXo casual.

- Não pense que eu vou meter, comer, gozar 6 X seguidas na sua buceta todos os dias da sua vida.
  É só seXo casual.

- Não pense que você é diferente, especial, única.
  É só seXo casual.

- Não pense que você é o grande amor da minha vida.
  É só seXo casual.

- Não pense que eu vou ficar perdidamente apaixonado.
  É só seXo casual.

- Não pense que vamos ser felizes para sempre.
  É só seXo casual.

- Não pense que é um relacionamento sério.
  É só seXo casual.

- Não pense que eu estou interessado em você.
  É só seXo casual.

- Não pense que eu vou dormir abraçadinho.
  É só seXo casual.

- Não pense que eu vou ficar para o café da manhã.
  É só seXo casual.

- Não pense que eu vou mandar rosas, chocolates, mensagem apaixonada no dia seguinte.
  É só seXo casual.

- Não pense que o meu pau duro, nem grosso, nem fino, mete, come, goza 6 X seguidas só na sua buceta. É só seXo casual.

- Não pense que eu nunca mais vou meter, comer, gozar 6 X seguidas em outras bucetas. É só seXo casual.

- Não pense que eu vou ser fiel. É só seXo casual.

- Não pense que eu vou ficar frustrado se você não gozar. É só seXo casual.

- Não pense que você foi usada, abandonada, enganada, traída. É só seXo casual.

- Não pense obsessivamente no que você pode ter feito de errado.
  É só seXo casual.

- Não pense neuroticamente que você poderia ter sido perfeita.
  É só seXo casual.

- Não pense que eu vou sentir saudade.
  É só seXo casual.

- Não pense que eu vou te chamar de meu amor.
  É só seXo casual.

- Não pense que existe protocolo para seXo casual.
  É só seXo casual.

Existe protocolo para seXo casual?

Estou com uma bactéria.
Estou com um fungo.
Estou com uma doença sexualmente transmissível.

É o resultado das trepadas, das sacanagens, das metidas, das esfregadas na bunda, das gozadas na minha buceta 6 X seguidas.

Minha ginecologista disse que é uma doença comum.
O pau passa pelo cu.
O pau mete na buceta.
O pau esfrega no cu.
O pau mete na buceta.
O pau passa na buceta.
O pau mete no cu.
O pau mete na buceta.

Minha ginecologista me deu um remédio.
Só uma dose.

Ele precisa tomar o mesmo remédio.
Só uma dose.

Não tenho coragem de telefonar.

Não tenho coragem de dizer que ele está com uma doença sexualmente transmissível.

Não tenho coragem de dizer que ele deve estar passando a doença para outras bucetas.

Não tenho coragem de dizer que ele precisa tomar o remédio.

Só uma dose.

Não tenho coragem de dizer que as outras bucetas também precisam tomar o remédio.

Só uma dose.

Eu ganhei uma bactéria, um fungo, uma doença sexualmente transmissível, uma cistite, uma infecção urinária, um sofrimento sem fim, uma rejeição cruel, uma angústia permanente, uma depressão profunda, muitas noites de insônia.

Ele ganhou uma dor de cabeça.

Não é justo.

Preciso amenizar o meu sofrimento, diminuir a minha angústia, curar a minha obsessão, me libertar do pau duro, nem grosso, nem fino, querendo meter, comer, gozar 6 X seguidas na minha buceta.

Preciso encontrar uma saída.
Preciso encontrar uma solução.
Preciso encontrar um remédio.
Preciso encontrar uma cura.

ULTRAJE

Como assim chamar de meu amor?

Como assim ficar apaixonada?

Como assim ficar obcecada por um pau duro, nem grosso, nem fino?

Como assim não dormir mais só porque um pau duro, nem grosso, nem fino, meteu, comeu, gozou 6 X seguidas na buceta?

Como assim se imaginar diferente, especial, única?

Como assim não gozar nenhuma vez?

Como assim não fingir que gozou nenhuma vez?

Como assim ficar atormentada, angustiada, deprimida, triste, obcecada porque ele não ligou?

Como assim não aceitar que foi só seXo casual?

Como assim?

APRENDIZADO

Será que existe seXo casual para as mulheres?

Será que as mulheres gostam de seXo casual?

Será que as mulheres gozam no seXo casual?

Será que as mulheres praticam seXo casual sem expectativas românticas?

Será que toda mulher espera que ele ligue no dia seguinte?

Será que toda mulher espera que ele durma abraçadinho?

Será que toda mulher espera que ele fique para o café da manhã?

Será que toda mulher espera que ele se apaixone?

Será que toda mulher espera que ele reconheça que encontrou uma mulher diferente, especial, única?

Será que toda mulher espera que ele seja fiel?

Será que toda mulher espera gozar no seXo casual?

Será que toda mulher espera que ele descubra que foi muito mais do que seXo casual?

Será que não existe seXo casual para as mulheres?

Será que seXo casual é uma invenção masculina?

Será que seXo casual só funciona para os homens?

Será que seXo casual só é prazeroso para os homens?

Será que seXo casual só existe para os homens?

O fim.

A solução.

O segredo.

A receita.

O remédio.

A cura.

Ligar o botão do foda-se.

Foda-se se ele não ligou.

Foda-se se ele desapareceu sem explicação.

Foda-se se ele não se interessou por mim.

Foda-se se ele não reconheceu que eu sou diferente, especial, única.

Foda-se se ele não se apaixonou por mim.

Foda-se se ele me rejeitou.

Foda-se se ele me ignorou.

Foda-se se ele me desprezou.

Foda-se se ele me esqueceu.

Foda-se se ele não gostou do creme fedido.

Foda-se se ele teve nojo da bunda cabeluda.

Foda-se se ele não gostou do taradinho, gostosinho, safadinho, tesudinho.

Foda-se se ele ficou frustrado porque eu não gozei.

Foda-se se ele ficou chateado porque eu não fingi que gozei.

Foda-se se ele me achou desesperada, exagerada, ridícula, ansiosa, neurótica, excessiva, dramática, assustadora, pegajosa, grudenta, melosa, chata, ridícula, tagarela, insegura, idiota, estúpida, burra, deprimida, obsessiva, compulsiva, insegura, triste, atormentada, angustiada, louca.

Foda-se se ele me achou alegre demais, divertida demais, inteligente demais, engraçada demais, doce demais, leve demais, carinhosa demais, compreensiva demais, dedicada demais, submissa demais.

Foda-se se ele me chamou de querida, gostosa, delícia, tesuda.

Foda-se se ele é um galinha, um cafajeste, um tarado, um viciado, um maníaco, um sedutor, um conquistador, um babaca, um aventureiro, um comedor serial.

Foda-se se ele é machista, medroso, covarde, inseguro, infantil, imaturo, bobo.

Foda-se se ele está com uma doença sexualmente transmissível.

Foda-se se ele passou a doença para outras bucetas.

Foda-se se ele mete, come, goza 6 X seguidas em qualquer buceta.

Foda-se se ele me tratou como uma buceta genérica.

Foda-se se foi só seXo casual.

Foda-se.

≡ ELE ≡

– Nossa, que delícia!

Atrasado para pegar minha mulher no aeroporto.

Puta dor de cabeça.

– Oi, meu amor!
– Estou morrendo de saudade!

Este livro foi composto nas tipologias Utopia, Helvetica Neue LT Std, Core Circus,
Kaufmann e Fontesque, e impresso em papel off-white 90g/m²
no Sistema Cameron da Divisão Gráfica da Distribuidora Record.